# I am what I decide to be

# But I must choose what I will be

I am loved

Romans 8:38-39

I am unique

1 Corinthians 12:7

I am never alone

Hebrews 13:5

I am designed with a purpose

Proverbs 16:4

I am chosen

Colossians 3:12

I am strong in Christ

Psalm 138:3

I am forgiven

Colossians 3:13

I am an overcomer

1 John 5:4

I am valuable

1 Corinthians 6:19-20

I am a new creation

2 Corinthians 5:17

I am victorious

1 Corinthians 15:57

I am able to do all things
thru Christ

Philippians 4:13

I am a light in the world

Matthew 5:14

I am accepted

Ephesians 2:10

I am assured all things work together for good

Romans 8:28

I am able to control myself

2 Timothy 1:7

I am holy & blameless

Colossians 1:22

I am fully forgiven

Ephesians 1:7

# I am a saint

## Ephesians 2:19

I am strong in Christ

2 Corinthians 12:9-10

I am deeply loved

1 John 3:1

I am God's child

John 1:12

I am free from
condemnation

Romans 8:1-2

I am free

John 8:36

www.ingramcontent.com/pod-product-compliance
Lightning Source LLC
Chambersburg PA
CBHW081644040426
42449CB00015B/3452